Disney

Pinc

CW01619088

Ediciones Gaviota

Pepito Grillo, el gran viajero, llegó al atardecer a una ciudad italiana y buscó un sitio donde pasar la noche. Entonces descubrió el taller de Gepetto, el carpintero que vivía solo, sin más compañía que el gato Fígaro y el pececito Cleo. A Pepito Grillo le pareció que la habitación era acogedora; tenía su chimenea y todo, y pensó quedarse. Entonces oyó un ruido.

Era Gepetto, que había terminado una marioneta
de madera y la estaba probando.
—¡Estupendo! ¡Funciona! Pero debo ponerle un nombre.
¡Ya está!: Pinocho. ¿Te gusta, Fígaro?
Como es lógico, ni Fígaro ni Pinocho dijeron nada,
pero el carpintero tenía la costumbre de hablar solo.
Luego se despidió de los relojes y de los juguetes.

—Me voy a dormir. ¡Ah, si pudiera tener un niño en vez de una marioneta! —dijo mirando a Pinocho.

Aquella noche, ante el asombro de Pepito Grillo, el taller se llenó de luz y apareció… ¡El Hada Azul, nada menos!

—Gepetto merece un premio porque con sus juguetes ha hecho felices a muchos niños —dijo el Hada—. ¡Marioneta, despierta, te concedo el don de la vida! Sé valiente, sincero y generoso y algún día te convertirás en un niño de verdad —luego se fijó en Pepito Grillo—. Pinocho necesita alguien que le enseñe lo que está bien y lo que está mal. ¡Pepito, tú serás su conciencia!

—Encantado, señora —dijo Pepito Grillo.

A la mañana siguiente, Gepetto estuvo a punto de volverse loco de alegría al encontrar a Pinocho lleno de vida. Poco después, le mandó a la escuela. Y por el camino fue engañado por dos granujas, que le contaron maravillas del mundo del teatro, aunque lo que querían era venderle a un titiritero. ¿De qué sirvieron las advertencias y protestas de Pepito Grillo? De nada. Pinocho no escuchó la voz de su conciencia.

Pinocho fue encerrado en una jaula. El infeliz pensó en su padre y se puso muy triste. Entonces apareció el Hada Azul.

—¿Por qué no fuiste a la escuela? —preguntó.

—Bueno…, iba hacia allí…, pero me encontré con un dragón de ojos verdes —respondió Pinocho, y la nariz le creció y le creció.

—Pinocho —dijo el Hada—, las mentiras crecen y se hacen tan grandes como tu nariz. No vuelvas a mentir.

Luego el Hada Azul liberó a Pinocho. Y cuando volvía tan contento a su casa se encontró de nuevo con los sinvergüenzas de antes: Juan el Honrado y Gedeón. Los granujas le convencieron de que necesitaba pasar una temporada en la isla de la Diversión para descansar, pues le notaban agotado.

—¡Pinocho, acuérdate de Gepetto! ¡No vayas! —gritó Pepito Grillo.

Pero Pinocho, pensando en las diversiones que le esperaban, ni siquiera le oyó.

¡Qué poco éxito tenía Pepito Grillo como conciencia!

Pinocho viajó a la isla con muchos niños.
Un hombre los llevó hasta allí y luego les soltó:
—¡Viva! ¡Qué maravilla! —gritaban los chicos—. ¡No hay personas mayores para decirnos lo que debemos hacer!
Montaron en muchas atracciones y comieron montones de helados, hasta hartarse.
Un chico presumido llamado Polilla invitó a Pinocho a jugar una partida de billar.
—¡Te estás portando mal! —le dijo Pepito Grillo—. ¡Vuelve conmigo!

—¡Pero si Polilla es mi mejor amigo! —-protestó Pinocho. En ese instante, Polilla empezó a rebuznar. ¡Se había convertido en un burro! ¡Y lo mismo les pasó a los demás niños! Pepito Grillo comprendió que los habían llevado a la isla para convertirles en animales y hacerles trabajar en las minas de sal. ¡También a Pinocho le salieron orejas y cola de burro!

—¡Vámonos de aquí, rápido! —le dijo Pepito Grillo.

Huyeron antes de que Pinocho se volviera burro del todo. Pero cuando llegaron a la ciudad se enteraron de que Gepetto había ido en una barca a buscar a Pinocho, y que la gran ballena Monstruo se lo había tragado. En seguida, Pepito Grillo y Pinocho fueron al mar, y cuando encontraron a la ballena Monstruo dejaron que les tragara a ellos al mismo tiempo que a un montón de peces. Pinocho se sentía culpable y estaba dispuesto a todo por salvar a su padre.

En el estómago de la ballena Monstruo, Gepetto, en la barca, pescaba para poder alimentarse él y su gato.
—¡Caramba; este pez pesa mucho! —dijo.
¡Claro; como que era Pinocho!
—¡Soy yo! —gritó la marioneta.
—¡Oh; no puedo creerlo! —exclamó Gepetto.
Los dos se abrazaron felices.
Pinocho le contó sus aventuras y luego dijo:
—Ya no nos separaremos nunca.

—Tendremos que quedarnos a vivir en el estómago de este animal —dijo Gepetto.
—¡No! ¡Tengo una idea! —respondió Pinocho.
Y la pusieron en marcha: hicieron una balsa con algunas de las tablas de la barca y quemaron las demás. Con el humo, la ballena estornudó… ¡y salieron disparados! La ballena Monstruo, furiosa, les persiguió. Las olas destrozaron la balsa, pero consiguieron llegar a la costa. Gepetto estaba agotado, pero Pinocho…, ¡había muerto, o lo parecía! El pobre carpintero se arrodilló a su lado y se echó a llorar, desconsolado.

Entonces apareció el Hada Azul, y dijo:
—Has demostrado ser valiente, sincero y generoso. Serás, pues, un niño de verdad.
Entonces Pinocho despertó… ¡convertido en un niño de carne y hueso! Gepetto y él se pusieron a bailar llenos de felicidad. ¿Y Pepito Grillo? Su misión había terminado, así que se marchó y siguió viajando por el ancho mundo.

© Disney
1999 Ediciones Gaviota, S. L.
Manuel Tovar, 8
28034 MADRID (España)
Reservados todos los derechos
ISBN: 84-392-0120-6
Depósito legal: LE. 1.112-1999
Printed in Spain - Impreso en España
Editorial Evergráficas, S. L.

PREGUNTAS

1. ¿Dónde se refugió Pepito Grillo en uno de sus viajes?
2. ¿Gepetto vivía acompañado o solo?
3. ¿Recuerdas los nombres de los animalitos de Gepetto?
4. ¿A qué se dedicaba Gepetto?
5. ¿Qué misión encomendó el Hada Azul a Pepito Grillo?
6. Pinocho es engañado dos veces por un par de granujas. ¿Recuerdas sus nombres?
7. ¿Cómo consiguió Pinocho salir de la jaula en la que le encerró el titiritero?
8. ¿Qué le ocurría a Pinocho cuando mentía?
9. ¿Qué les pasó a los niños que llegaron engañados a la isla de la Diversión?
10. ¿Cómo consiguieron los héroes de esta historia salir del estómago de la ballena Monstruo?

1
2
3
4
5
6
8

1. Colorea a Gepetto y Pinocho para completar la lámina.
2. La esfera del reloj de cuco se ha roto. ¿Cuál de los trozos de la estantería es el que falta?
3. Además del pincel que tiene Gepetto, hay otros ocho en la ilustración. ¿Puedes encontrarlos?
4. Entre las herramientas de carpintero que hay en el banco, hay una que no lo es. ¿Cuál?

A I J T H L C A E D
S N K N T M L H J J
P H E O T T E P E G
E T H L A F O G J I
P U O F L H J Y L N
I M R B L A F O H G
T J A U I J B M A B
O O G M L M H J D I
G P I N O C H O A N
R S F R P D O G A O
I U T S B T K U Z E
L S F H N G G R U D
L F K K S J K B L E
O R R O Z B N S Ñ G

5. Busca en la sopa de letras estos nombres: BALLENA, CLEO, FÍGARO, GEDEÓN, GEPETTO, HADA AZUL, PEPITO GRILLO, PINOCHO, POLILLA, STRÓMBOLI y ZORRO.
6. En la lámina hay dibujados cinco elementos que resultan absurdos. Dinos cuáles son.
7. ¿Puedes dibujar la cara del payaso de un solo trazo, sin levantar el lápiz y sin pasar dos veces por el mismo sitio?
8. ¿Cuántos muñecos hay dibujados en el cartel?

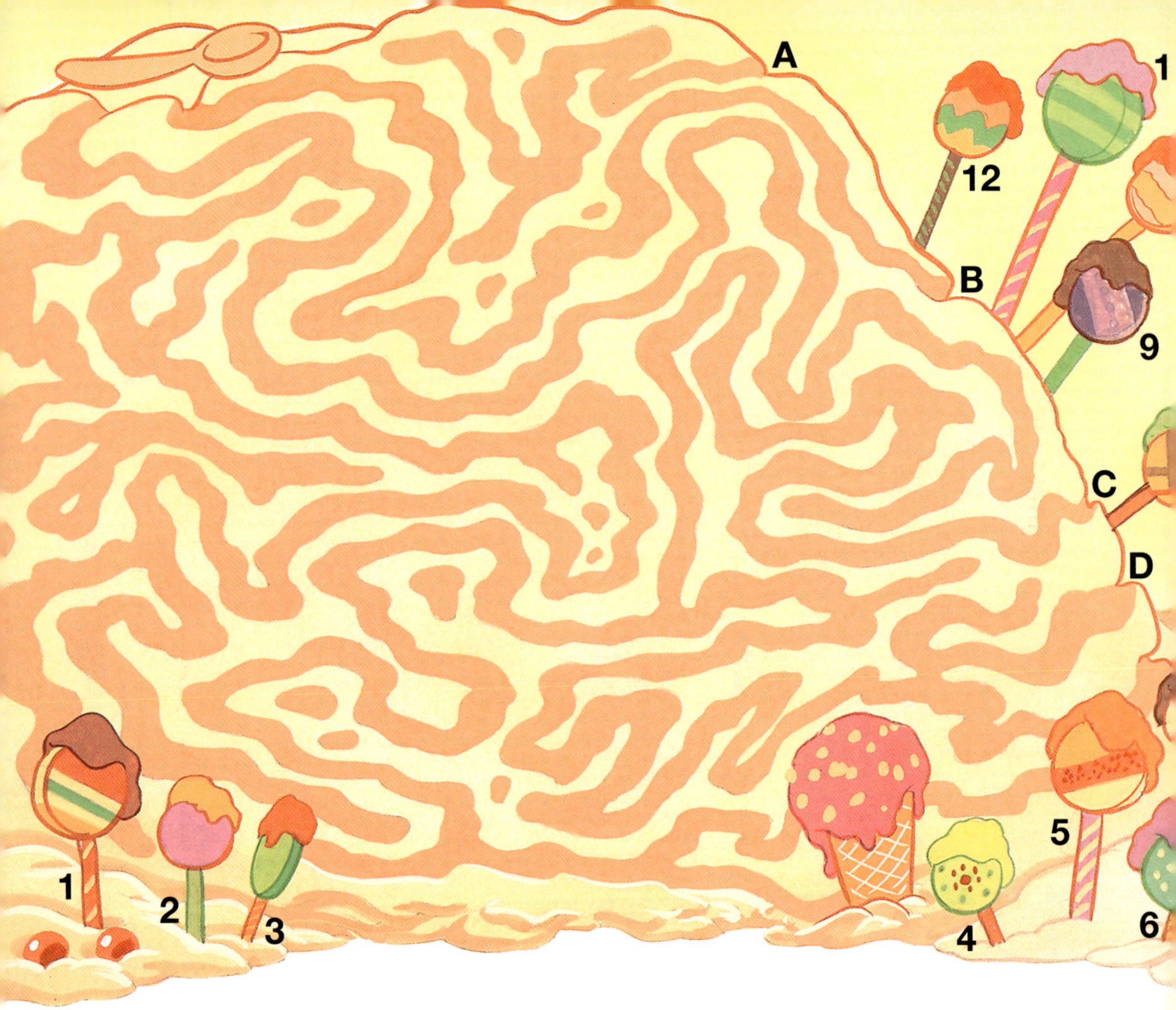

9. En este laberinto hay un camino que lleva de la cuchara al helado de fresa.
10. Sólo hay dos piruletas iguales. ¿Puedes encontrarlas?
11. ¿Eres capaz de separar las galletas del recuadro utilizando dos rectángulos?
12. Los dulces con banderitas están colocados siguiendo una serie lógica. ¿Cómo sería el último que se pusiera?

13
14
15
16

RESPUESTAS

1. En el taller de Gepetto.
2. Muy solo, porque no tenía a nadie que le hiciera compañía.
3. El gatito se llamaba Fígaro, y el pececito, Cleo.
4. Era carpintero, y fabricaba relojes de pared, juguetes, marionetas...
5. La misión de ser la conciencia de Pinocho, es decir, enseñarle a distinguir el bien y el mal.
6. Uno se llamaba —¡qué paradoja!— Juan el Honrado, y el otro, Gedeón.
7. Le liberó el Hada Azul.
8. Cuando mentía, la nariz le crecía y le crecía..., tanto como sus mentiras.
9. Fueron transformados mágicamente en burros para hacerles trabajar en las minas de sal.
10. Haciendo fuego con las tablas de la barca de Gepetto. El humo obligó a estornudar a la ballena, y fueron lanzados al mar.

SOLUCIONES A LOS JUEGOS

2. El número 3.

3. 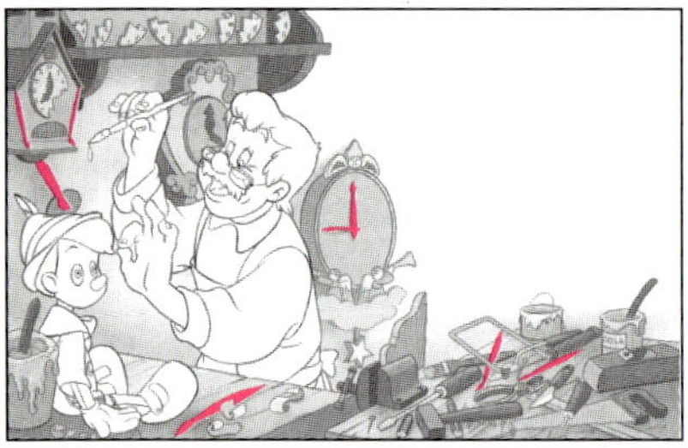

4. La paleta.

5.

A	I	J	T	H	L	C	A	E	D
S	N	K	N	T	M	L	H	J	J
P	H	E	O	T	T	E	P	E	G
E	T	H	L	A	F	O	G	J	I
P	U	O	F	L	H	J	Y	L	N
I	M	R	B	L	A	F	O	H	G
T	J	A	U	I	J	B	M	A	B
O	O	G	M	L	M	H	J	D	I
G	P	I	N	O	C	H	O	A	N
R	S	F	R	P	D	O	G	A	O
I	U	T	S	B	T	K	U	Z	E
L	S	F	H	N	G	G	R	U	D
L	F	K	K	S	J	K	B	L	E
O	R	R	O	Z	B	N	S	Ñ	G

6. Los cubitos de hielo, la cara del payaso, la escalera, la chimenea en la fuente y las peras.

7. 

8. Hay 19 muñecos.

9. El camino B.

10. La 1 y la 13.

11. 

12. Un dulce con tres banderitas.